LISTE ET ANALYSE SOMMAIRE

DE VINGT-SIX

LETTRES DE RÉMISSION

ACCORDÉES PAR LES ROIS DE FRANCE

A DES HABITANTS DES CHATELLENIES DE CHATEAU-GONTIER

ET DE CRAON (XIV°-XVI° SIÈCLES)

PAR

André JOUBERT

MEMBRE DES SOCIÉTÉS DE L'HISTOIRE DE FRANCE ET DES ANCIENS TEXTES FRANÇAIS
DES SOCIÉTÉS SAVANTES DE L'ANJOU, DU MAINE ET DE BRETAGNE

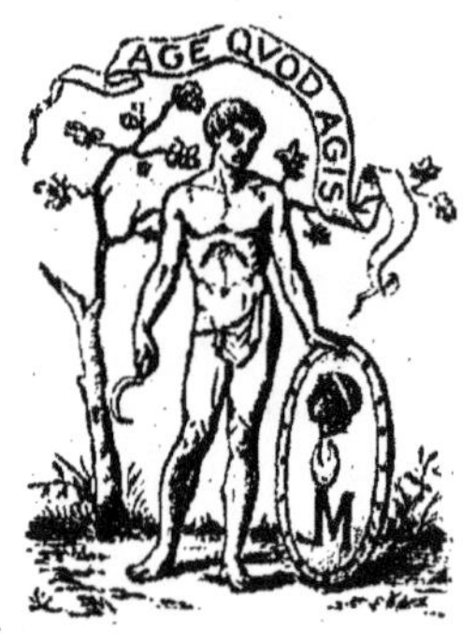

LAVAL

IMPRIMERIE DE L. MOREAU

1891

Tiré à 40 exemplaires.

LISTE ET ANALYSE SOMMAIRE

DE VINGT-SIX

LETTRES DE RÉMISSION

ACCORDÉES PAR LES ROIS DE FRANCE

A DES HABITANTS DES CHATELLENIES DE CHATEAU-GONTIER

ET DE CRAON (XIV°-XVI° SIÈCLES)

PAR

André JOUBERT

MEMBRE DES SOCIÉTÉS DE L'HISTOIRE DE FRANCE ET DES ANCIENS TEXTES FRANÇAIS
DES SOCIÉTÉS SAVANTES DE L'ANJOU, DU MAINE ET DE BRETAGNE

LAVAL

IMPRIMERIE DE L. MOREAU

1891

LISTE ET ANALYSE

SOMMAIRE DE VINGT-SIX LETTRES DE RÉMISSION

ACCORDÉES PAR LES ROIS DE FRANCE A DES HABITANTS

DES CHATELLENIES DE CHATEAU-GONTIER

ET DE CRAON (XIV°-XVI° SIÈCLES)

On sait que les lettres de rémission étaient d'ordinaire accordées pour des crimes qui paraissaient excusables, attendu les circonstances, comme pour homicides involontaires ou commis dans la nécessité d'une légitime défense. Les rois avaient aussi, souvent, donné à des coupables, pour beaucoup d'autres crimes de genres différents, des lettres semblables. Ces documents fournissent fréquemment des renseignements particuliers et curieux sur la vie privée, les usages et les mœurs d'autrefois. Le texte des vingt-six pièces dont nous reproduisons la liste est conservé aux Archives nationales. Nos lettres sont relatives au pardon octroyé par les rois de France : Charles V, Charles VI, Charles VII, Louis XI, Charles VIII et Louis XII, à des habitants des châtellenies de Château-Gontier et de Craon. Vingt-trois de ces lettres sont données à des hommes accusés soit de vols soit de meurtres ; une est concédée à un changeur qui avait rogné des écus et avait « mis lesdits escus ainsi rongnez pour leur cours, comme s'ils n'eussent point esté rongnez. » Enfin deux autres lettres sont accordées à deux femmes accusées l'une d'avoir tué son ennemi, l'autre d'avoir laissé périr son enfant nouveau-né, faute de soins.

I

1371, octobre, Paris. — Rémission pour Michel, « du Mesnil[1], en la chastellenie de Chasteaugontier, povre et misérable personne, » qui avait pris la fuite, craignant d'être compris dans les poursuites exercées contre deux compagnons du pays du Maine, accusés d'avoir volé deux juments et deux poulains, au temps où les Anglais « se tenoient ès parties dudit chastel de Chasteaugontier[2]. »

Arch. nat. JJ 102, f° 59 r°, n° 160.

II

1377, septembre, Paris. — Rémission pour Laurent Jacquot, « povre homme, de la chastellenie de Craon[3], » qui avait blessé mortellement Michel Rousselot, « en la cuisse, d'un coutel taillepain que ledit suppliant tenoit. » Rousselot avait été soigné par un barbier qui avait laissé sa blessure « apostumer[4] » et lui avait fendu « la cuisse

1. Voir notre *Histoire de Menil et de ses seigneurs*, d'après des documents inédits (1040-1886).

2. Vers le 17 août 1368, quatre ou cinq cents compagnons anglais, sous les ordres de Jean Cressewell et de Folequin l'Alemant, s'étaient emparés de Château-Gontier *(Grandes chroniques, VI, 254).* L'évacuation n'eut lieu qu'à beaux deniers comptants et un subside spécial fut levé sur les deux diocèses d'Angers et du Mans pour parfaire la somme destinée au rachat de la ville. Le receveur du diocèse du Mans, Guillaume Bequet, dut laisser ses chevaux aux routiers anglais, en compte, le versement s'étant trouvé insuffisant (Arch. nat. JJ 100, n° 84 JJ et n° 155. — *Chroniques de Froissart,* édition publiée pour la Société de l'Histoire de France, t. VII, sommaire du premier livre, L I). — La baronnie de Château-Gontier appartenait en 1371 à Pierre II, comte d'Alençon, époux de Marie Chamaillard.

3. Isabeau de Craon, dame de Sully, sœur d'Amaury IV, baron de Craon, décédé en 1373 sans postérité, administrait alors la baronnie de Craon (Voir notre *Histoire de la baronnie de Craon,* de 1382 à 1626, d'après les archives inédites du Chartrier de Thouars (fonds Craon).

4. Apostumer ou s'apostumer, se fixer définitivement sur un point déterminé. Cette locution est encore usitée chez les habitants des campagnes du Haut-Anjou.

par dessoubz, et tellement se gouverna ledit Michiel, sans vouloir souffrir estre visitez par autre que ledit barbier, que finalement il ala de vie à trespas. »

Arch. nat. JJ 111, fol. 117 v°, n° 229.

III

1385, 3 novembre. — Rémission pour « Renault du Maz, capitaine de Chastelgontier [1] » qui avait blessé, « le jour de la saint Jacques et saint Christofle derrenierement passé, » jour de foire en cette ville, « Guillaume de Chahaigne, grenetier du grenier à sel [2]. » Cette rémission est accordée par le roi en souvenir des bons et loyaux services de l'accusé qui avait combattu autrefois « en la compaignie de feu Bertran de Guesclin [3], jadis connestable de France, » et à cause de la supplication du « féal chevalier et chambellan Amaury de Clicon [4] et autres chevaliers... »

Arch. nat. JJ 127, f° 143 r°, n° 231.

IV

1444, mai, Tours. — Rémission pour Jehan Aubry, couvreur d'ardoise, de Longuefuye, près Château-Gon-

---

1. Le nom de ce capitaine de Château-Gontier n'était pas connu et doit être ajouté à la liste de ceux qui ont été déjà mentionnés.

2. Voir, sur les paroisses comprises dans le ressort du grenier à sel de Château-Gontier, la page XXXVI de l'*Introduction* au *Dictionnaire topographique de la Mayenne*, par Léon Maître. On consommait à ce grenier de trente-cinq à trente-six muids (le muid était de douze setiers). La juridiction comprenait un président, un grènetier, un contrôleur, un procureur du roi et un greffier.

3. Le connétable Bertrand du Guesclin était mort au mois de juillet 1380 au siège de Château-Neuf-de-Randon.

4. Amaury de Clisson est souvent cité dans les documents de cette époque. Le 6 août 1369, Amauri IV, baron de Craon, était à Baugé, où il mande à Jean Le Mercier, trésorier des guerres, de payer les gages d'un certain nombre de gens d'armes, parmi lesquels figurait Amaury de Clisson. (Dom Morice, *Preuves de l'Histoire de Bretagne*, I, 1632-1634).

tier, au pays d'Anjou, qui avait blessé mortellement, d'un coup de marteau, Macé Meignan.

Arch. nat. JJ, 176, f° 166 r°, n° 218.

V

1445, novembre, Chinon. — Rémission pour Aliète, femme de Jehan Poissays, demeurant en la paroisse de Ballots, en Anjou, « en la chastellenie de Craon, » accusée d'avoir tué, d'un coup de fourche « de bois, non ferrée » Michel Maillot, « faiseur de rocs de charrectes, » qui avait rompu, avec une bêche le bardeau[1] d' « ung petit reservouer des eaues descendans de la fontaine ancienne nommée la Belotière, » où les époux Poissays avaient l'habitude d'abreuver leurs bestiaux, « comme vaches et autres bestes aumailles[2], » ainsi que de « relaver les drappeaulx[3] » de leurs enfants.

Arc. nat. JJ 117, f° 58 r°, n° 103.

VI

1445, mars, Chinon. — Rémission pour Galehot de la Roche, écuyer, accusé d'avoir tué, dans une rixe auprès de Longuefuye, d'un coup de dague dans le bras gauche, auprès du coude, Jehan le Bovier, « homme de baz estat, non noble, roteux[4] et noiseur[5], » qui l'avait provoqué par des paroles injurieuses, après s'être servi, pour couper un morceau de pain, de la hache

---

1. Bardeau, barrage.
2. Bêtes aumailles, bêtes à corne.
3. Drappeaulx, petits linges, chiffons de drap ou d'étoffe. *Drapiaux ! Drapiaux ! Le marchand de toile en petite laine !* C'est le cri de ceux qui achètent des chiffons (*Vocabulaire du Haut-Maine*, par C. R. de M., p. 178).
4. Roteux, maussade, hargneux, d'humeur difficile.
5. Noiseur, querelleur, chercheur de noise.

« d'ung relieur[1] qui relioit » les pipes de vin de son rival « pour mectre la porcion qui ystroit[2] de la vendenge desdictes vignes. »

Arch. nat. JJ 177, f° 112 v° et 113 r°, n° 169.

VII

1449, août, Chartres. — Rémission pour Guillaume Dierrné, « simple homme de labour, chargié de femme et d'enfans, demourant en la baronnie de Craon, ès paroisse de Bouchamp, ou pais d'Anjou, » qui, après diverses querelles, avait tué son gendre, Perrin Doucneau, d'un coup de soulier dans la tempe, tandis que celui-ci, assis devant le foyer, « faisoit semblant de oindre ou engresser ses solliers. » Le meurtre involontaire commis, le beau-père avait chargé le cadavre sur l'une de ses juments et l'avait jeté dans la rivière voisine[3], d'où le corps avait été retiré, trois jours après, par les gens de justice. Il avait été conduit en prison, avec sa femme et sa fille, accusées de complicité.

Arch. nat. JJ. 179, f° 203 r°, n° 371.

VIII

1458, novembre, Tours[4]. — Rémission pour Guion Doré, écuyer, originaire de Cuillé en Anjou[5], jadis au service

---

1. Le relieur était chargé de remplacer les liens d'osier qui entouraient les cerceaux, quand ils étaient brisés, et de consolider les barriques pleines, ayant subi un parcours ou une avarie et n'étant pas encore rendues à destination. (Voir notre *Etude sur la Vie Privée au XV° siècle en Anjou*, p. 39, note 3).

2. Ystroit, sortirait.

3. Usure (l'), rivière qui prend sa source dans la commune de Brains-sur-les-Marches, arrose Saint-Michel-de-la-Roë, Niafle, et se jette dans l'Oudon à Bouchamps.

4. Charles VII, malade, se tenait alors à son château de Montils, près Tours, où il végétait, très affecté des menées hostiles de son fils, le dauphin Louis.

5. Cuillé, canton de Cossé-le-Vivien.

d'André de Laval, sire de Lohéac, maréchal de France,
qu'il avait suivi pendant ses expéditions contre les Anglais. Guion Doré était avec Jean de la Barre, son beau-
père, et Jean du Mas, de la Guerche, quand Guion
Freslon, curateur de Mathurin du Mas, jeune enfant
allant à « l'escolle » fut tué d'une flèche à la gorge qui
avait été lancée par l'arc du sieur de la Barre le jeune [1].

Arch. nat. JJ 118, f° 1 r°, n° 1.

IX

1464, Saumur. — Rémission pour Jaquin Rousseau,
« prisonnier detenu ès prisons de Craon [2], » homme
« foible et de petite complexion, » qui avait tué, à Ballots, d'un coup de couteau à couper le pain, le nommé
Jehan Maulays.

Arch. nat. JJ 199, f° 325 r°, n° 218.

X

1446, Tours. — Rémission pour Alexis Boyer, natif
de Saint-Aignan, près Château-Gontier, qui, de concert
avec son frère Guillaume Boyer, avait tué Laurent Huart,
maréchal, leur ennemi, « en son ouvrouer [3]. » Les deux
frères avaient lardé le maréchal de coups de javelines
et de dagues. Ils prétendirent qu'ils avaient été « temp-
tez de l'ennemi [4]. »

Arch. nat. JJ 196, f° 131 v°, n° 203.

---

1. Des lettres de rémission, datées de Tours, décembre 1458,
furent aussi données à Jean de la Barre le jeune (Arch. nat. JJ
118, f° 7 v°, n° 11). — On y voit que Jehanne, la chambrière du
sieur du Mas, avait acheté à la Guerche, pour le jeune écolier
« des chausses et des petits soliez. Les sieurs de la Barre et du
Mas lui avaient remis leurs arcs et leurs flèches « qu'ils avoient
apportez pour eux esbatre sur le chemin. » Ils furent contraints
de reprendre leurs armes pour riposter à l'attaque de Guion
Freslon.

2. Voir, sur les prisons de Craon, notre *Histoire de la Baronnie de Craon, de 1382 à 1626.*

3. Ouvrouer, boutique.

4. L'ennemi, le diable.

XI

1467, février, Paris. — Rémission pour Guillaume Quieret, homme d'armes, sous le commandement et de la compagnie du sénéchal de Poitou, qui avait tué, « en l'ostel d'un nommé Labbé, archier, » entre Bouère et Saint-Denis-d'Anjou[1], un nommé Gerault, dit de Lorraine, d'un coup d'épieu dans la poitrine.

Arch. nat. JJ 195, f° 34 v°, n° 120.

XII

1467, novembre, Le Mans. — Rémission pour Guillaume et Alexis Boyer, frères, écuyers, natifs de Saint-Aignan, près Château-Gontier, qui avaient tué Laurent Huart, maréchal.

Arch. nat. JJ 201, f° 4 v°, n° 9.

XIII

1468, juillet, Compiègne. — Rémission pour Jehan Guérin, qui avait servi sous le comte de Crussol[2], accusé d'avoir tué, à Château-Gontier, Pierre de Polligny, d'un coup de vouge[3] sur la tête et d'un autre au front.

Arch. nat. JJ 194, f° 184 r°, n° 337.

XIV

1468, septembre, Noyon. —Rémission pour Jehan Foulgeray, de la paroisse de Cossé-le-Vivien, et Marin Chotart, son beau-frère, demeurant aussi à Cossé et accusé

1. Voir notre *Histoire de Saint-Denis-d'Anjou, Xe-XVIIIe siècles*.

2. Louis de Crussol, mari de Jeanne de Lévis, conseiller et chambellan de Louis XI. Son fils, Jacques de Crussol, époux de Simone, vicomtesse d'Uzès, fut conseiller et chambellan de Louis XII, grand panetier de France, etc.

3. Le vouge fut une arme qui fit donner le nom de vougiers à ceux qui la portaient (*Vocabulaire du Haut-Maine*, pp. 171-172).

d'avoir tué, dans une rixe, Pierre de Cuillé, à coups de hache. Le premier août 1468, le sieur de Cuillé et plusieurs de ses amis étaient venus au « Viel-Mont-Jehan[1]. » Ils étaient vêtus de « hocquetons[2]. » Pierre de Cuillé avait une « gorgerete[3] de mailles. » Il portait une javeline[4] et une grande dague, ainsi que Guillaume de Hellault. Guillaume Ression était armé d'un « voulge de guerre et d'une bistorie ou panart[5]. » Ils se ruèrent sur les passants, qu'ils blessèrent grièvement, entre autres deux prêtres, Jehan Brichart et Thomas Cousin, desservant de la cure de Montjean. Or les habitants de Cossé et de Montjean s'étaient réunis en armes « pour obvier aux entreprinses que pourroient faire les gens de Bretaigne[6]. » Ils se portèrent à la rencontre du sieur de Cuillé et de ses amis, que l'on disait être des Bretons. Une bataille eut lieu, dans laquelle Marin Chotart fut blessé, d'un coup de tranche[7], par Pierre de Cuillé. Son beau-frère le vengea en renversant l'agresseur de deux coups d'une hache d'armes[8] assenés sur la tête.

Arch. nat. JJ 194, f° 188 r°, n° 335.

1. Mont-Jehan, Montejan, Montjean, c^{on} de Loiron. — Châtellenie vassale du comté de Laval. Les ruines du château sont baignées par un bel étang.

2. Hocquetons, jaquettes.

3. Gorgerette, gorgerin, partie de l'armure qui servait à protéger la gorge.

4. Javeline, épieu.

5. Panart, courte pique.

6. Le 1er janvier 1468, Louis XI avait signé, avec François II, duc de Bretagne, une trève qui devait expirer au mois de juillet. Le roi, prenant les devants, occupa diverses places et François II, abandonné par les Anglais, ses alliés, fit sa soumission. Un arrangement fut conclu à Ancenis, le 10 septembre de la même année, entre les deux princes.

7. Tranche, instrument dont les paysans se servent pour bécher.

8. Les combattants portaient ordinairement la hache d'armes suspendue à l'arçon.

XV

1472, août, Châteauneuf-sur-Sarthe. — Rémission pour Alain Landré, écuyer écossais [1], accusé d'avoir tué, d'un coup de dague dans la cuisse, à Saint-Denis-d'Anjou, Patry Claudmonen, qui l'avait provoqué.

Arch. nat. JJ 197, fᵒ 187 rᵒ, nᵒ 349.

XVI

1473, mars, Paris. — Rémission pour Johan Chevrolier le jeune, natif de Loigné, qui, en tirant de l'arc, le jour de l'Ascension, au lieu des Montceaux [2], près de l'étang « d'icelluy lieu, » avait blessé, par mégarde, mortellement, Hilaire d'Ecuillé, écuyer, seigneur des Montceaux, qu'il avait atteint « au derrière du pommeau d'une de ses jambes. »

Arch. nat. JJ 195, fᵒ 232 vᵒ, nᵒ 1006.

XVII

1474, février, Paris. — Rémission pour Guillaume de Brechanon [3], naguère serviteur de Jacques de la Rouvraye, écuyer, sieur de Bressault [4], qui avait tué Jamet Brindelles, receveur du seigneur de la Maroutière [5]. Le

---

1. Le roi Charles VII avait institué en 1445 une compagnie de gardes écossaises qui appartenait à la maison du roi. Louis XI, plus tard, avait appelé à son aide contre ses ennemis des troupes venues d'Ecosse.

2. Montceaux (les), chât. et f. cⁿᵉ de Loigné. — Les étangs sont aujourd'hui desséchés.

3. La famille de Brechanon portait : *D'argent à trois bandes ondées de gueules et bordées de sable.*

4. Jacques de la Rouvraye, sieur de Bressault, époux de Gillette d'Andigné (Voir, dans notre *Etude sur les misères de l'Anjou aux XVᵉ et XVIᵉ siècles,* le chapitre intitulé : *René de la Rouvraye, dit le diable de Bressault, 1560-1572).*

5. Maroutière (la), chât. et f. cⁿᵉ de Saint-Fort. La terre fut érigée en châtellenie en 1635.

sieur de Bressault, chassant un lièvre levé sur ses terres, l'avait suivi sur celles du sieur des Barres, à qui la Maroutière appartenait. Il avait été rencontré par Jamet Brinelles et une violente altercation s'était élevée alors entre eux à cette occasion. Brinelles avait une arbalète bandée et un « materas [6] prest. » Son attitude était menaçante à l'égard de Guillaude de Brechanon, qui, se croyant en danger, « donna, audit Brinelles, d'ung espieu qu'il avoit, sur la teste. »

Arch. nat. JJ 195, f° 243 v°, n° 1064.

XVIII

1474, juin, Ermenonville. — Rémission pour Pierre Guyon, de la paroisse de Livré, en la baronnie de Craon, qui, étant venu à Quelaines pour aider son beau-frère, Jacques Ermenier, à y lever « certaine coustumerie ou cloison [2] qui est de ladite baronnie de Craon, » et soupant dans l'auberge de Jean Piogier, tavernier, avait tué Jamet Bougu, son ennemi, de plusieurs coups de dague [3].

Arch. nat. JJ 195, f° 257 r°, n° 1145.

XIX

1478, août, Seulone. — Rémission pour Denis Le Tourneur, prisonnier à Château-Gontier, qui avait tué, à Quelaines, dans une auberge, de deux coups d'épée dans l'épaule et dans la poitrine, Jehan Tremblay.

Arch. nat. JJ 201, f° 99 r°, n° 126.

XX

1478, septembre, Tours. — Rémission pour Jehan Hu-

---

1. Materas, flèche.
2. Cloison, redevance, imposition.
3. La femme du tavernier, prenant part à la dispute, avait été fort maltraitée.

nault, chevaucheur de l'écurie du roi [1], demeurant en la
baronnie de Craon, en Anjou, qui avait tué, au lieu de
l'Augugeraye [2], d'un ou deux coups de la pique de Flan-
dre qu'il tenait en sa main, Pierre Le Roy, qui l'avait
provoqué, avait maltraité sa servante et fait mille excès [3].
Le Roy mourut trois ou quatre jours après, lorsqu'il re-
gagnait son domicile « en une charrette à beufz. » Conduit en prison à Pouancé, Jean Hunault s'était évadé et
« mis en franchise en la chappelle de Saint-Pierre en ladi-
« te ville de Pouencé [4], de laquelle chappelle il fut extrait et
« mis hors par les gens de justice et, de rechief, constitué
« prisonnier et mené en la chartre [5] de la ville d'Angiers,
« et après rendu à nostre amé et féal conseiller, l'evesque
« d'Angiers [6], comme clerc, et constitué prisonnier ès pri-
« sons de nostre dit conseiller [7], desquelles prisons il fut
« deslivré et remis en ladite chappelle et franchise, de
« laquelle il s'est depuis eschappé et rendu fugitif, et
« doubtant rigueur de justice, etc., etc... »

Arch. nat. JJ 2⁰5, f⁰ 89 v⁰, n⁰ 166.

XXI

1480, avril, Plessis-du-Parc-lès-Tours. — Rémission
pour Pierre Le Verrier, changeur, demeurant à Château-

---

1. Chevaucheur de l'écurie, courrier du roi.

2. Aujugerais (l'). f. cⁿᵉ de Bouère.

3. Voir, dans la *Revue historique et archéologique du Maine*,
tome XXVIII, sixième livraison, année 1890, second semestre,
p. 259 et suivantes le très savant et très intéressant article de
M. l'abbé Ambroise Ledru, intitulé : *Asile à la cathédrale du
Mans sous l'épiscopat de Guy de Laval (1335-1336)*. Cette rémission est mentionnée au chapitre V. *Notes pour servir à l'histoire de l'asile religieux au moyen-âge, etc.* p. 276.

4. Voir, sur cette chapelle, attenante à un antique logis de la
Maison principale et, aujourd'hui, convertie en écurie, le *Dict.
hist. de M.-et-L.*, t. III, p. 172.

5. Chartre, prison.

6. Jean Balue, évêque d'Angers (1467-1476 et 1490-1498).

7. Ces prisons étaient voisines du palais épiscopal.

Gontier, qui avait rogné des écus et avait mis « lesdits escuz ainsi rongnez pour leur cours, comme s'ils
n'eussent point esté rongnez... » Le roi lui pardonne
« en l'onneur de la Passion de Dieu, nostre createur, en
« laquelle nous sommes de present. »

Arch. nat. JJ 208, f° 23 v°, n° 43.

XXII

1481, février, Thouars. — Rémission pour Jehan Car-
reau, « povre compaignon de mestier, faisant les roux
de charettes, » de la paroisse de Saint-Aignan, près
Craon, prisonnier à Craon, accusé d'avoir, avec trois
complices, pillé la maison de Regnault Syon, sergent
des bois et forêts de la Guerche, qui avait saisi les biens
du suppliant poursuivi pour avoir volé du bois.

Arch. nat. JJ 209, f° 113 v°, n° 206.

XXIII

1482, octobre, Tours. — Rémission pour Louis des
Barres, chevalier, chambellan du roi, seigneur des
Barres et de la Maroutière, et pour plusieurs autres, ac-
cusés d'avoir blessé mortellement, dans une rixe, Jehan
Possart[1], frère de Guillaume Possart, seigneur de la
Sionnière, d'Argenton, avec lesquels ils avaient plu-
sieurs différends à régler. Les Possart avaient assailli,

---

1. Les Possart avaient été assignés à comparaître devant leurs
adversaires au bourg de Saint-Michel-de-Feins. La première réu-
nion n'ayant pas amené de solution, une autre devait avoir lieu
à Daon. Louis des Barres était, ce même jour, à Moiré, près Cou-
dray, tandis que son frère André discutait avec les Possart. Après
avoir songé à regagner la Maroutière, il se décida à aller à la
Sionnière pour y terminer les affaires pendantes entre lui et les
Possart, qu'on lui proposa d'aller chercher à Argenton. Peu
après, ils rencontrèrent leurs ennemis et la querelle éclata. —
Les des Barres portaient : *D'azur à trois léopards rampants d'argent, lampassés de sable, couronnés de gueules. Devise : Ad su-
perostandum stemmata penna vehit. — Les Possart s'armaient :
D'argent à trois quintefeuilles de gueules posées deux et une (Ar-
morial général de l'Anjou, de J. Denais, t. I, p. 116, et t. III,
p. 74).*

à coups de grosses pierres, dans un champ voisin de la Sionnière, en jurant et blasphémant, Louis des Barres, son frère, André des Barres, et ses serviteurs, Pierre de Romilly et Jehan de la Mote, dit Mathelot, qu'ils avaient ensuite menacés de mort. Les serviteurs des sieurs des Barres descendirent de leurs montures et se mirent en défense. Pierre de Romilly avait coupé le bras de Jehan Possart. André des Barres avait frappé Guillaume Possart d'un coup de « braquemart[1] » et Jehan de la Mote avait donné une douzaine de coups d'épée au seigneur de la Sionnière, en présence de la dame du lieu[2].

Arch. nat. JJ 207, f° 65 r° et v°, n° 131.

XXIV

1485, octobre, Amboise. — Rémission pour Jehan Chauvière, marchand de Saint-Martin-de-Villengloso[3], près Saint-Denis-d'Anjou, accusé d'avoir tué Mathurin Rochier, prêtre, dans l'auberge de Jehan Sauvegrain. Ce prêtre faisait cuire de la viande et préparait un repas pour d'autres ecclésiastiques, ses amis, « qui y devoient venir repaistre[4], » quand les accusés entrèrent dans l'hôtellerie. Après le repas, tous avaient joué à la paume avec l'aubergiste. Mathurin Rochier avait maltraité Jehan Chauvière qui avait riposté et frappé son ennemi avec « ung petit cousteau de Prague qu'il avait pendu à sa saincture... »

Arch. nat. JJ 211, f° 145 r°, n° 170.

---

1. Bracquemart, sorte d'épée, courte et large, en forme de coutelas.

2. Les lettres de rémission constatent que, depuis, les Possart, « pour leurs demerites, ont esté par justice apprehendez. » Voir, sur les seigneurs d'Argenton, nos *Recherches historiques sur le canton de Bierné. Argenton.*

3. Voir, sur Saint-Martin-de-Villengloso, notre *Histoire de Saint-Denis-d'Anjou, etc.*

4. Repaistre, prendre leur nourriture.

XXV

1488, juillet, Saint-Laud, près Angers. — Rémission pour Jehan Bresseau, de Méral[1], près Craon, archer, choisi par la paroisse pour servir le roi contre les Bretons[2], qui avait tué, devant Fougères, où il combattait sous le commandement de René de Chanzay, capitaine des archers[3], Jehan de Marcillé, autre archer, « homme roteux et outrageux, » d'un coup de bâton sur la tête[4].

Arch. nat. JJ 219, f° 85 r°, n° 138.

XXVI

1500, septembre, Melun. — Rémission pour Perrine, fille de Jehan Beausire, paroissien de Renazé, près Craon, qui avait laissé mourir son enfant, faute de soins. Cette fille avait vécu « en grans maisons de chevaliers et au- « tres nobles personnes du pays, et entre autres en la « maison du seigneur de Lencheneil[5], » où elle avait

1. Méral, canton de Cossé-le-Vivien. Le territoire féodal de Méral se partageait entre le baron de Pouancé, le baron de Craon et le châtelain de Montjean. — De la seigneurie de Méral dépendaient les fiefs de Brassé, de la Couardière, de Choigné, de l'Epinay et de la Ville.

2. L'archer exempt de taille et entretenu par chaque paroisse, s'appelait franc-archer. L'infanterie des francs-archers avait été organisée par Charles VII en 1445.

3. Anne de Beaujeu, régente de France au nom du jeune roi Charles VIII, après avoir pacifié la Guyenne, luttait alors contre la Bretagne. La Trémoille, lieutenant général du roi, obligea le gouverneur de Fougères à capituler. — Les archers, compagnons du suppliant, étaient couchés dans une loge par dix. René Raimbaud était chef de cette dizaine.

4. Le sénéchal d'Anjou s'appelait alors Jean de la Gruthuse. — Les lettres de rémission sont datées de Saint-Laud, près Angers. Louis XI ne manquait jamais d'envoyer ses ennemis jurer sur le fragment de la Vraie-Croix contenu dans un riche reliquaire donné à l'église Saint-Laud par le roi René. Tout serment prêté sur ce fragment vénéré par un parjure était, suivant l'opinion populaire, puni de mort dans l'année.

5. Lanchenil, chât. et f. de Nuillé-sur-Vicoin. Fief vassal d'Entrammes, de la châtellenie de Laval et de la châtellenie de Saint-Ouën-des-Toits.

été séduite par un nommé Jehan Périer. Elle avait souffert, pour accoucher, « très grans douleurs et grevances [1], » n'ayant pas été assistée par une sage-femme. Puis elle avait mis son enfant à l'envers sur le lit, sans prendre la peine de le couvrir, ce qui avait amené la mort du nouveau-né, qu'elle avait alors « mussé [2] en une armoire, » où il avait été trouvé.

Arch. nat. JJ 234, f° 34 r°, n° 64 [3].

1. Grevances, souffrances.
2. Mussé, enfermé, caché.
3. Nous avons découvert, depuis l'achèvement de ce travail, une rémission, de mai 1523, pour Olivier de la Faucille, archer du pays d'Anjou, au sujet d'un différend avec un marchand de Craon (Arch. nat. JJ 236, f° 121 r°, n° 137). Le fief et seigneurie de la Faucille, avec castel, vaste parc et pont sur l'Oudon, précédé jusqu'à la grande route d'une longue avenue, s'étendait sur la paroisse de l'Hôtellerie-de-Flée. Les seigneurs de la Faucille ont joué un rôle important pendant les guerres religieuses du XVIe siècle, à la tête du parti protestant (Voir notre *Histoire de la baronnie de Craon, de 1382 à 1626, etc.*).